위스키를 마시고
저녁산책을 나가다

양승준 시집

문학의전당 시인선
156

위스키를 마시고 저녁산책을 나가다

양승준 시집

문학의전당

시인의 말

세월이 흐른다는 건
슬픔이 내 모가지를
점점 더 옥죈다는 것,
내가 사막을 건너갈 때
버릴 수도 없고
버려서도 안 되는
이 눈물 한 접시

2013년 봄
치악산을 바라보며
양승준

차례

제2부 154,000볼트의 사랑

제3부 도연명을 생각하며

제4부 내 마음의 율도국

제1부 위스키를 마시고 이니그마를 듣다

슬픔이 까마귀에게

— 빈센트 반 고흐

우리말 '슬픔'이
영어 'sorrow' 보다 더 슬픈 것은
'슬픔'의 어원이
'슳다'이기 때문만은 아니다
〈Sorrow〉*는 차라리
에드바르 뭉크的이다

이따금 까마귀들이
바람 부는 밀밭을 건너
고흐를 찾아온다
그는 여태
잃어버린 귀를 찾지 못하고 있다

---

* 고흐가 29세이던 1882년 4월 네덜란드 헤이그에서 그린 최초의 작품.

입동(立冬) 무렵

비록 석련대(石蓮臺)는 아니더라도
아내만큼 낡은 소파에서
미륵보살반가사유상의 자세로
밤새도록 반추해본
내 너절한 영혼의 기록,

삶은 지루했고
사랑도 그 같았으나
끝내 나는 살아남았다

아랑후에즈 협주곡*을 듣다

차라리 내 영혼의 빈 곳간을
슬픔들로 채워 넣고 싶었네
숨을 들이쉴 때마다
풍선마냥 부풀어 오르는
슬픔의 돌기들과
그것들을 얽어 만든
슬픔의 통발 속에다
나를 가둬두고 싶었네
풀 한 포기 틔우지 못하고
꽃 한 송이 피우지 못하는
너절한 내 영혼,
마구 버림받게 하고 싶었네

---

* 스페인의 작곡가 '호아킨 로드리고'가 작곡한 기타 협주곡.

서(西)

서는
부처님의 나라,

나는
서로 두 귀를, 쫑긋, 세운
한 마리 수탕나귀다

전능하신 마부, 나의 부처여
부디 나를 당신의 나라로 이끌지어다
비록 그것이 한날 주마간산이 될지라도

여생

여생이라는 단어에서는
영혼의 울림 같은 것이 느껴진다
어쩌면 떨림이라 하는 편이
더 나을 것도 같은, 그러나 요즘엔
차라리 쓸쓸함이라 해야 할 것들이
아침이면 이불 속에서 기어 나와
내 사타구니를 마구 물어뜯는다

크리스털 드림(Crystal Dream)*

크리스 스피어리스의
크리스털 드림 속으로 들어가면
그곳엔 가난한 시인 백석이
온종일 나타샤를 기다리며
소주를 마시고 있습니다
'눈이 푹푹 쌓이는 밤'이면 그는
나타샤와 함께 흰 당나귀를 타고
'깊은 산골로 가 마가리에 살'고 싶어 하지만
그때마다 '세상한테 지는 것'이 아니요
'세상 같은 건 더러워 버리는 것'이라 항변합니다
크리스 스피어리스의
크리스털 드림 속으로 들어가면
그곳엔 백석을 닮은 한 시인이
배추벌레처럼 동그랗게 몸을 말고 앉아
배춧잎 같은 소주를
한입씩 베어 먹고 있습니다
밤새도록 백석의 나라에선
푸른 눈꽃들이 끝없이 피어나고

그 눈꽃들은 얼마나 푸른지

이곳에서도 다 훤히 보일 듯합니다

---

* 세계적 기타리스트인 그리스계 미국인 크리스 스피어리스의 기타 연주 음반.

** 백석의 「나와 나타샤와 흰 당나귀」에서 인용.

가을 저녁
—반곡역*에서

발끝마다 온통 슬픔이었네
어디에도 그대는 없었지만
정작 그대에게
하고 싶은 말도 없었네
한 접시 어둠을 내려놓고
열차가 떠난 다음에야
비로소 나는
빈 수수밭에 머물고 있던
작은 햇살 하나를 보았네

---

* 원주시 반곡동 154번지에 위치하고 있으며, 1993년 이후 차표 판매를 중단하고 열차만 통과하고 있다.

그리운 최후

너덜너덜, 내 영혼이 온통
만신창이 누더기입니다
푸른곰팡이가 만발한 연화 정토,
극락입니다 당신께서
억만 길〔仞〕사랑으로 수놓은
화엄 나락, 아수라입니다
주야장천 허우적거리다
허기진 내 육신이 빠져죽을
그리운 최후,
바로 당신입니다

위스키를 마시고 이니그마*를 듣다

세월은 그리움이 켜켜이 쌓여 이루어진 시간의 지층, 그 깊은 내면의 상수리나무 숲을 향해 열차는 오늘도 아침햇살 우거진 푸른 들녘과 망초꽃 만발한 산언덕을 넘어 슬픔 같은 몇 개의 터널을 지난다, 달리면 달릴수록 가속이 붙는 세월, 추억도 열차처럼 가속이 붙는다

노을이 내 가슴에 들어와 무수히 많은 추억의 알들을 낳고 죽는다, 알들은 조금씩 각각의 제 몸을 열어 한 접시 달빛으로 집을 짓는다, 마침내 작은 더듬이를 내밀어 나를 어루만지는 추억들, 그러나 포충망에 걸린 나비처럼 추억의 최후는 언제나 비극적이다, 그리움이란 시간이 흐를수록 제가 만든 파문 속에 제 발목을 가두기 때문이다, 그렇다면 부처는 어디에 있는가, 만다라**는 어디에 있는가, 아 문득 첫눈이 기다려진다, 바다가 가까워졌나 보다, 이제 세상은 온통 어둠 속, 나는 서서히 고립무원의 섬이 되어 바다 한가운데 떠 있다

하나 레일을 벗어날 수 없는 열차처럼 파도는 나를 끝내

지우지 못한다

---

* 이니그마(Enigma) : '수수께끼'라는 뜻의 그리스어로 루마니아 출신의 마이클 크레투가 연출하는 뮤직 프로젝트.

** 만다라(曼陀羅) : 불교의 본질인 깨달음의 경지, 또는 부처가 실제로 증험(證驗)한 것을 그림으로 나타낸 것 .

위스키를 마시고 블루스를 추다

얼마나 더 가까이 가야 당신과 내가 하나가 될까, 얼마나 더 당신을 그리워해야 내 슬픔이 모두 녹아내릴까, 눈을 감으면 아 아득한 세월, 그러나 그 속에서 상처 아닌 것으로 남아 있는 것이 어디 있으랴, 아니 눈물 나지 않는 것이 어디 있으랴, 시간이 흐를수록 취기는 오르고 내 슬픔 또한 깊어 가는데, 정작 내가 할 수 있는 일이란 그저 이렇게 음악에다 내 온몸을 내맡기는 일, 하나 깨어나지 못하는 내 사랑만이 이 한밤 내내 저 등불처럼 혼자 흔들릴 뿐이다

위스키를 마시고 포르노그래피를 보다

한 쌍의 남녀가 그물처럼 엉켜 있다, 쉽사리 풀리지 않는 퍼즐에 난감해 하는 아이들처럼 두 남녀는 미로 가운데에서 출구를 찾으려 애쓴다, 이따금 일그러지는 그들의 얼굴!은 오히려 비장하기까지 하다, 그런 그들에게 어떤 체위가 더 인간적인가 하는 질문은 이미 어떠한 설득력도 가지지 못한다

배경은 다시 알몸의 여인이 혼자 있는 정원이다, 여인은 붉은 장미꽃을 한 아름 따서 천천히 자신의 나신을 그 속에 집어넣는다, 여인의 손끝에서 나비들이 일제히 날아오른다, 꽃과 하나가 된 여인은 꽃보다도 눈부시다

밤이 아무리 깊어도 이 관음증의 슬픔은 좀처럼 나를 놓아주지 않는다, 아 나도 저 꽃 속으로 들어가 한 마리 나비가 되고 싶다

위스키를 마시고 저녁산책을 나가다

세상은 저 서산 아래 푸른빛으로 몰려다니는 이내*만큼이나 몽롱하다, 내 발걸음도 마치 뜬소문 같다, 이제 나는 건널목에서 신호를 기다리는 중이다, 보행자의 의지와는 상관없이 정해진 시간에 따라 제 모습을 바꾸는 신호등처럼 나의 기다림도 그리 집요하지 못하다, 이윽고 미등을 켜기 시작하는 자동차들, 어느새 네온사인으로 온몸을 치장한 빌딩들도 여럿 보인다, 어둠을 감지하는 더듬이라도 있는 듯, 가장 먼저 불을 밝히는 것은 언제나 술집과 모텔들이다

어둠이 가득한 거리마다 안개가 꽃을 피운다, 꽃 속에서 하나둘 별들이 깨어난다, 나는 별밭에 마련된 작은 벤치에 앉아 'timeless time' 한 개비를 꺼내 문다, 정말 영원한 시간이란 존재할 수 있을까, 만약 영원한 시간이란 게 있다면 과연 그곳은 어디일까, 담배를 태우는 이 순간만이라도 그대로 멈춰서고 싶다, 그러나 시간의 족쇄는 잠시도 날 그냥 내버려두지 않았다, 오늘도 시간은 내 낡은 모가지를 잡아끌고 이리저리 잘도 돌아다녔다, 빌어먹을!

취생몽사,란 이름의 포장마차에 잠시 들른다, 평생을 술에 취해 있다가 꿈꾸듯 세상을 뜰 수만 있다면, 아니 세상을 벗어날 꿈을 꾸며 한평생 살 수만 있다면, 하나 사랑이란 놈은 늘 아무런 예고도 없이 와락, 내 뒷덜미를 낚아채는 것이었다, 될 듯 될 듯하다가 그만 중도에서 죽어버리는 성기와도 같이 내 사랑의 방사는 항상 이루어지지 않았다, 아 안개 속으로 내가 묻힌다, 안개의 늪이다, 안개의 바다다, 분명 나는 이 안개처럼 새벽이 오기도 전에 해체되고 말리라

아내는 더 이상 나를 사랑하지 않는다, 사랑하지 않는다, 멀리서 기적소리가 짐승처럼 다가온다, 문득 열차를 타고 어디론가 떠나고 싶어진다, 그러나 반환점이 없는 내 사랑처럼 저 열차도 분명 반환점이 없으리라, 그저 종착점을 향해 앞으로만 내달리는 열차, 하지만 내 사랑은 끝끝내 이토록 안개만이 자욱한 오리무중으로 이 도시에 남아 있을 것이다

---

* 해질 무렵에 멀리 보이는 푸르스름하고 흐릿한 기운.

위스키를 마시고 슬픔을 다스리다

1

다스려야 할 것이 어찌 슬픔뿐이랴, 갈수록 삶은 참담해지고 이윽고 날이 저문다

2

이따금 창밖을 내다보면, 겨울보다도 먼저 눈이 오려는지 어둠 속에서도 눈시울이 금방 뜨거워진다, 아 세상엔 사랑이나 세월처럼 가는 것만 있는 것이 아니었구나, 눈처럼, 아니 슬픔처럼 이렇게 다정하게 오는 것도 있었구나

입안 가득 슬픔 한 덩이를 털어 넣는다, 슬픔은 잠시 후 어두운 내면의 상수리나무 숲에 다다른다, 숲엔 까마귀 울음소리만이 즐비하다, 슬픔이 마른 나뭇가지를 타고 올라가, 색 바랜 잎맥들을 촉촉이 적시면, 잎맥들은 지난여름처럼 다시 푸르러질까, 슬픔은 기쁨이 되고 눈물은 웃음이 되어 모두들 흥겹게 춤추고 노래할까, 그러면 저 까마귀들도 일제히 상심의 날개를 벗고 깊은 수면 속으로 들어가 저마다 아름다운 꿈을 꾸게 될까, 아 마침내 눈이 내리기 시작한다, 첫눈이다

3

한 사내가
청산가리를 마시고
황천을 건너갔다
다시는 돌아올 수 없는
그 깊고 아득한 곳을

온통 어둠뿐인 바다 한가운데서 상수리나무 숲이 밤새도록 파도에 흔들리고 있었다, 나는 까마귀처럼 울부짖었지만 마지막 열차는 떠나고 없었다, 지난밤에도 역시 똑같은 꿈을 꾸었다

4

상수리나무 숲에도 눈이 쌓인다, 시끄럽게 울던 까마귀들도 이 순간만은 침착해지고 슬픔도 한결 온순해진다, 그렇구나, 눈이 오면 모두들 이렇게 거룩해지고 울대마저 가벼워지는구나, 그러나 몇 번이나 더 눈이 내리고 녹은 다음에야 겨울은 알 수 없는 시간 속으로 제 슬픔을 거두어

들일까, 이제 눈은 잎을 덮고 가지를 덮고 나무를 덮고 숲을 덮는다, 보라 저 빛나는 고요의 숲! 아 나도 저 눈송이들처럼 낮게 낮게, 침묵 속으로 소리 없이 내려앉고 싶다

5

다시 이니그마를 듣는다, 적당히 볼륨을 높이고 흔들의자에 오른다, 이니그마는 내 안에 들어와 수많은 그리움의 알을 낳는다, 어둠이 깊을수록 그리움의 알들은 고운 눈꽃으로 깨어나 슬픔 속으로 흩어진다, 눈꽃들은 이따금 깊은 바다 속 상수리나무 숲으로 나를 데려다주기도 하지만, 이제 숲은 더 이상 흔들리지 않는다, 아마도 내일 아침이면 저 눈꽃들은 내 가슴속에다 가장 아름다운 겨울 풍경 하나를 그려내리라

위스키를 마시고 오규원 시집을 읽다

1

길은 언제나 길 끝에서 낯선 골목과 해후하며 새로운 길을 만든다, 그러고는 길처럼 길게 누워 또 다른 골목을 기다린다, 그러기에 길은 어디에서도 끝나지 않는다

2

저녁 무렵, 좀처럼 그 배후를 드러내지 않던 호텔 캘리포니아가 이마에 작은 등불을 켜고 강변으로 내려가 강물과 몸을 섞는다, 강변은 이내 별들로 가득해지고 하늘에선 일제히 달맞이꽃이 피어난다

강물을 따라 흘러가던 한 남자의 어깨가 노을에 젖기 시작한다, 잠시 후 남근마저 젖으면 그의 아내는 달빛 아래서 옷을 벗고 강물 속으로 들어가 상수리나무 같은 사내아이 하나를 낳으리라, 그러나 이미 그가 지나온 길은 지워진 지 오래이다

3

강물소리는 이 모든 사실로부터 멀리 빗겨나 있다

어느 날, 여름, 2003

1

아침은 항상 어둠 속에 풀어놓았던 수천수만의 안개를 제 안으로 거두어들이며 시작된다, 사라지는 어둠의 발끝에서 조금씩 묻어나는 햇살의 온기, 밤은 밤새도록 햇살을 어디에 감춰두고 있다가, 아침이면 이렇게 일시에 풀어놓는 것일까

어느새 새벽기도를 끝내고 집으로 돌아가는 이들이 보인다, 어쩌면 하늘이 무너지지 않는 것도 저들의 기도 덕분인지 모른다, 그들이 오늘 하루만큼 더 가까이 다가간 천국은 대체 어떤 모습일까, 그들의 발걸음은 흡사 나비의 날갯짓처럼 가벼워 보였지만, 내 발걸음은 그렇지 못했다, 나는 신문을 들고 얼른 화장실로 향한다, 어젯밤에 난 포장마차 취중천국,에서 천국을 보았다

꾸역꾸역, 앞으로 나아가기만 하는 시간, 이윽고 시간의 거센 물살에 떠밀린 사람들이 앞다투어 그 속으로 들어간다, 나는 화초에 물을 주고 흔들의자에 앉아 물끄러미 그

들을 바라본다, 모두들 혁명을 사칭하며 시청 광장으로 몰려가는 얼룩무늬 계엄군 같다

2

매미소리가 포플러 숲에서 쏟아져 나온다, 울음으로 최후를 맞이하는 매미의 모습이야말로 그 어떤 민주투사의 삶보다도 진지하다, 매미가 잃어버린 칠 년이란 세월을 생각하면, 매미가 왜 그토록 울어대는지 조금은 헤아릴 것도 같다, 난 여태 그렇게 울어본 적이 없다, 내 빈 지갑만큼이나 고요한 아파트 주차장, 어느새 등나무 아래 벤치는 칸나 꽃처럼 빨갛게 익은 여인들의 웃음소리로 가득하다, 난 신문을 깔고 앉아 발톱을 깎는다

온종일 전화 한 통화 오지 않는다, 내 존재를 확인하고 싶어 하는 이가 이 지구상에 하나도 없다는 것은 어쨌든 슬픈 일이다, 그렇다면 내 스스로 내 살아 있음을 확인해 주어야 할 터, 나는 잠시 동안 외출을 하리라 마음먹는다, 그러나 그렇다고 해서 내 삶이 달라질 게 없다는 것이 더

욱 슬픈 일이다, 세상은 눈부시기만 하다, 설령 내가 이 세상에서 사라진다 해도, 태양은 여전히 동쪽에서 떠올라 서쪽으로 질 것이며, 내 이웃들은 변함없이 잘 먹고 잘 자고, 무엇보다도 섹스에 더욱 열중할 것이다

3

펄떡대는 태양의 심장 속으로 내가 빨려 들어간다, 숨 막히는 대지와 지층, 거리는 온통 하늘을 향해 머리 조아리는 나무들이거나, 어디론가 종종거리는 사람들뿐이다, 울창한 빌딩숲, 간혹 그 좁은 틈새를 비집고 구급차들이 달려가기도 하지만, 아무 일도 아니라는 듯 도시엔 구름 한 점 떠다니지 않는다, 모두 허깨비 같다, 내가 살아 있는 것까지도, 어쩌면 우리네 생이 이처럼 아수라지옥인지도 모른다

세월도 갈수록 늘어지는가, 내 배가 타원형의 샤워꼭지를 닮았다, 이따금 세월 가는 것조차 잊어버리고 싶을 때도 있지만, 몸이란 놈은 어찌 그리도 세월 가는 걸 잘 아는

지 때론 신통하다는 생각이 들기도 한다, 세월의 화살촉에다 잠시 알몸을 꿰어놓고 목욕을 하는 그 짧은 시간 동안에도 나는 끝내 불쾌한 기분을 씻어낼 수 없었다, 그렇다면 나도 꺼이꺼이, 매미처럼 울어야 하는가

4

저녁이다, 정해진 귀가 경로를 따라 줄지어 돌아오는 저 착한 자동차들, 가족들로부터 성공적인 무사귀환을 축하받으며 그들은 곧 정갈한 저녁식탁에 오를 것이다, 나도 아내를 위해 정성껏 쌀을 씻어 밥솥에 넣고 불을 지핀다

TV를 켜고 뉴스를 본다, 세상은 언제나 적당한 사건과 알맞은 사고들로 얼룩지게 마련이지만, 대부분은 너무 행복해서 죽을 지경이라는 표정들이다, 아마도 사건 사고들이 그들의 밋밋한 삶을 곱게 치장해주는 배경이라도 되는 듯하다, 그렇다면 내가 해야 할 일은 단 한 가지, 열대야의 어둠을 더욱 뜨겁게 달구는 일, 비록 내 삶은 여름 내내 발바닥처럼 갈라지고 사타구니처럼 끈적거렸지만, 그날

밤 별들은 밤이 깊을수록 눈이 부셨다, 두 아이들도 저마다 오색 꿈을 꾸느라 정신이 없었다

마리오 루폴로*

먼 성지에서 돌아온
고단한 순례자인 듯
나, 상처 난
갈색 구두 한 켤레와
노란 빗살무늬 넥타이 한 장과
잿빛 양복 한 벌을 향하여
오늘도 머리 숙여 경배하리니
아 발끝마다 기억된
수많은 신(神)들의 집과
열락을 꿈꾸었던
그 무수한 길들, 그러나
정작 이제부터 내가 해야 할 일은
혼자 남는 날을 위하여
시간의 붉은 흡반에다
내 영혼을 구겨 넣는 것, 이를테면
저 아드리아해의 빛나는 햇살 속으로
내 시(詩)를 죄다 쑤셔 박는 것이다

---

* 영화 〈일 포스티노〉에 등장하는 주인공 우편집배원의 이름.

어두워진다는 것

수천수만, 어둠의 이파리들이
빗살무늬의 저녁햇살을 등지고
강물처럼 길게 돌아눕는 시간,
무수한 어둠의 덩굴들이
더듬이 같은 작은 조막손을 내밀어
내 발목을 간질이는 시간,
침엽수를 닮은 어둠의 가시들이
내 빈 가슴을 찌르는 시간,

어두워진다는 것은 이렇듯
슬픔이 내 안에
묵화처럼 번지는 것이다

제2부 154,000볼트의 사랑

ㅅ을 말하다

ㅅ에선 향긋한 사람 냄새가 난다
두 사람이 서로의 어깨를 겯고
나란히 서 있는 모습이
人을 닮았기 때문이다 누군가에게
자신의 어깨를 빌려준다는 것은
그의 상처를 보듬겠다는 것, 이를테면
사랑이 그런 것임을
ㅅ이 제 몸으로 실연하는 것이다 다시 말해
남에게 상처를 건넨다는 것은
제 생을 온전히 그에게 맡기는 것임을
ㅅ이 그 생김새로 증명하는 것이다
삶이란 이렇듯
누군가와 슬픔을 함께 나누는 것임을
ㅅ이 온몸으로 보여주는 것이다

154,000볼트의 사랑

중앙아메리카나 남미의 브라질 등에 서식하는 흡혈박쥐는, 단 이틀만 피를 빨지 못해도 죽는다고 합니다 그런데 흡혈박쥐가 이렇게 굶주렸다 해도, 죽는 경우는 거의 없다고 합니다 피를 배불리 채운 박쥐들이, 제가 먹은 피를 토해, 죽을 위기에 처한 동료 박쥐에게 정성껏 먹이기 때문이라고 합니다

그러나 나는 단 하루만 당신을 꿈꾸지 않아도, 그리움에 목말라 죽습니다 이런 나를 위해 당신은, 오늘도 저녁노을 한 접시와 느티나무 그늘 몇 조각과 망초꽃 한 다발을 마련해놓았다고 했지만, 정작 내가 원하는 건 바로 당신입니다 당신을 존재하게 하는, 그 무량한 슬픔입니다 당신의 그 시퍼런 슬픔으로 하여 나는, 비로소 살아 움직입니다

나는 당신에게, 당신은 나에게, 덩굴손 같은 그리움을 뻗어 서로의 간절한 허기를 채워줄 수 있다면, 그런 슬픔 하나만으로도 우리는 진정 아름다울 수 있으리니, 아 내 사랑하는 사람이여

지저귀는 기계*

찌르레기가 아니면
어떻겠어요 노랑할미새가
아니면 또 어떻겠어요 하긴
발정한 수고양이라도
지저귀기기만 잘한다면
아무 상관없겠지요 물론
꼭 네 마리여야 하는 것도
아니랍니다 아, 또다시
느릅나무 새순 같은
작은 혀를 내밀어
쉴 새 없이 재재거리는
저 무서운 입들!
푸른 허공에 매달려
이따금 날개도 파닥거리는,
내 귀를 먹먹하게 만드는

---

* 스위스 출신의 화가 파울 클레(1879~1940)의 작품.

봄

지천(至賤)이
불국(佛國)이시네
천지사방
육합팔황
온 누리에
불사(佛事)를
일으키셨네
불국(佛國)이
지천(至賤)이시네
꽃들이 모두
어여쁜
불자(佛子)이시네

봄밤

근거 없는 풍문 같은
봄입니다
발원지를 알 수 없는 강물 같은
밤입니다
심증은 있어도
물증이 없는 범죄 같은
봄밤입니다
보이기는 하나
그 어떤 것도
만져지지 않습니다
손을 뻗으면
어둠도 이미
어둠 밖에 있습니다

함박꽃

함박눈보다
달뜨게 하는 게 있을까
함박웃음보다
기쁘게 하는 게 있을까

그런 함박과
예쁜 꽃이 더해져
우리나라에서 가장
크고 아름다운 꽃

이름 하여
함박꽃
달리 말해
산목련
북한에서
목란(木蘭)이라 이르는
바로 그 꽃

담쟁이

어찌하면
네게 닿을 수 있을까

까치발 높이 들고
모가지 길게 빼고

가도
가도
슬픔인
나

나팔꽃

낯선 시간들이 얽어놓은
촘촘한 그물망을 타고
오늘도 나는
눈부신 햇살을 온몸에 받으며
하늘로 오른다
뚜뚜,
나팔소리까지 울리며
그러나
곡예사 같은 나의 생은
늘 불안하였다
오르면 오를수록
점점 더 까마득해지는 허공,
이곳을 벗어나서는
한 치도 올라갈 수 없다는 것을,
더구나 내려가는 것은
애당초 불가능했음을
이제서야 깨닫는다
생은 이렇듯

탈옥을 꿈꿀 수 없는

오랜 감옥이다

망초에 관한 두 가지 사실

亡草

물망초(勿忘草), '부디 나를 잊지 말아주오'라는 낭만적인 꽃 이름이 있듯 '제발 나를 잊어주오'라는 신파조의 꽃 이름도 있을 거라 생각했네 忘草, 바로 그것이었네 얼마나 애절한 사연을 가진 꽃이었으면 망초라는 이름이 붙었을까 생각하니 왼쪽 가슴 한구석이 살짝 저려왔네 편두통도 잔물결처럼 일었네 이른 여름부터 가을까지 분홍이나 흰빛의, 앙증맞게 귀엽고 예쁜 꽃망울을 허다하게 터뜨려 심산궁곡(深山窮谷)을 졈낫ᄀᆞ티 만드는* 두해살이풀 망초, 이 나라 산하 어디서든 망초를 쉽게 만날 수 있는 것만으로도 내겐 분명 기쁨이었네 그러나 망초의 원이름은 어이없게도 쥐꼬리망초였네 줄여서 亡草, 알고 보니 농사를 망쳐놓는 풀이라 해서 붙은, 지극히 슬픈 이름이었네

개망초

개망초, 망초에 관형사성 접두사 '개'가 결합하여 파생

된 단어로 짐작하는 것은 누구나 범할 수 있을 법한 오류였네 개꿈 · 개떡 · 개망나니 · 개소리 · 개죽음과 같이 '참 것이 아닌' · '좋은 것이 아닌' · '함부로 된' · '변변치 못한'의 부정적인 뜻을 나타내는, 이 땅의 가장 서러운 접두사 '개'가 망초 머리에 올라붙은 줄로 알았네 그리하여 망초보다 못한 망초, 그저 개망초인 줄 알았네 그러나 개망초는 皆亡草였을 뿐, 개망초는 아니었네 한 해 농사를 모두 망쳐버릴 만큼 번식력이 왕성한 풀이라는 의미로 명명된, 참으로 저주받을 이름이었네 온몸의 힘이 다 빠져나가는 듯 아득하였네

* '대낮같이'의 뜻으로 송강 정철의 「사미인곡」에서 인용.

파적(破寂)

무엇이 저것들로 하여금
도심 속 이곳, 17층 아파트까지
제 여린 몸들을 들어 올리게 했을까
한여름의 게으른 햇살들이 넘실대는
지금은 오후 4시,
적요를 가장한 권태가
반달처럼 허공에 걸려 있다
아 나도 한번
붕붕, 소리 내며 날아볼까
낮술 한잔 먹고
저 두점박이좀잠자리들처럼,
부석(浮石)을 들어 올리듯
이 즐거운 환멸을

칼

칼집 깊숙이
분노를 감춘 채
밤마다 살해를 꿈꾸는
이 슬픔을
너는 아는가
욕망을 인내하는 것은 곧
나를 버리는 것,
어느 순간
새파랗게 녹이 슬어
너를 영영
버릴 수 없게 될지라도
이 슬픔을 지울 수만 있다면
나는 긴긴 어둠의 세월을
두 눈 부릅뜨고 지켜보리라

칼을 노래하다

기다림에 익숙한 자만이 이룰 수 있는 살해와
분노를 삭일 줄 아는 자만이 누릴 수 있는 평화,
이 둘을 제 살 속 깊숙이 감추고 있는
저 금속성의 모순 덩어리!

소머리국밥

밥상을 앞에 놓고
나 일찍이
이렇게 경건해본 적이 있었던가
평생 멍에를 짊어졌던
고단한 생애도 모자라
결국엔 제 머리까지 보시한
이 거룩한 향연

나 죽어 다시
사람으로 태어날 수 없다면
차라리 소로 태어나고 싶다
이 땅의 아름다운 황소로 태어나고 싶다

50

몸이 마음에게 말한다
앞서 가지 말고
함께 가자고,
그렇게 서두르다간
나잇값도 못하는
주책바가지란 말
듣기 십상이라고

마음이 몸에게 말한다
제발 뒤처지지 말고
빨리 쫓아오라고,
그렇게 굼뜰 바엔
차라리 밥숟갈 놓는 게
나을 거라고

마음은 늘 저만치 앞서고
몸은 언제나 저만큼 뒤처져
둘이 함께하지 못하는

이 부조화의 나이, 50
삐걱빼각,
소리만 공허한

우문(愚問)

나이 50이 되어도
아직 답을 얻지 못한
이 의문을
당신께 구하고자 함이니

삶은 과연
무거운 게 좋은가
가벼운 게 좋은가

목욕탕에서

추석 전날,
서울서 내려온 동생과 함께
동네 목욕탕에 가서
실로 오랜만에 서로의 등을 밀어주다가
갑자기 어렸을 적 동생의 모습이 떠올라
눈물이 핑 돌았다
영민하고 귀엽기만 했던 동생은
어느새 흔적도 없이 사라지고
그 대신
오십이 다 된
웬 낯선 중늙은이 하나가
내게 제 고단한 등허리를
내맡기고 앉아
말없이 때를 닦고 있는 게 아닌가

목어(木魚)

— 구룡사(龜龍寺)에서

아직도 속죄할 것이 남아 있는가

목어로 환생한 물고기는
온종일 자신의 몸을 두드려
다른 생명들의 고통을 들어주는
수행을 한다는데

아 내 목숨의 죗값은
무엇으로 치르나

제3부 도연명을 생각하며

미카르디스 플러스 정(錠)*

한 그릇의 밥이 나를
보리(菩提)로 이끌 것이라 믿었던
어리석은 때가 있었다
오늘 아침,
이 한 알의 약물이 나를
보리로 이끌 것이라는
새로운 믿음으로
슬픈 공양을 받아들인다
아 내가 나를
추스르지 못하는 것은
얼마나 역겨운 일인가

---

* 독일 베링거 인겔하임社에서 생산하는 혈압강하제.

귀거래사

해마다 느티나무 숲에
새로운 첫눈이 내리고
그 위에 다시
몇 번씩이나 함박눈이 쏟아진다 해도
이보다는 장쾌하지 않으리
나의 귀거래여
나를 데리고 오래도록 타관을 떠돌다
뼈만 남은 슬픔이여
이제 이곳에 너를 내려놓을지니
부디 축복받으라 나 비록
작은 이름조차 남길 수 없을 만큼
헐벗고 굶주렸으나
언제나 정직하려 애썼으며
언어로써 세상을 구하겠다는 열망 하나로
늘 가슴 뜨거웠으니
감히 문자를 세워 뜻을 펼치려 했던
이 황망한 어리석음마저도 부끄럽지는 않으리
꽃피는 봄날 아침부터 눈 내리는 겨울 저녁까지

온종일 바라보는 강물도
또르르, 토란잎에 구르는 빗방울소리도
청량한 흰배뜸부기 울음소리도
이보다는 유쾌하지 않으리
아 나의 행복한 귀거래여

도연명을 생각하며*

오늘도 온종일 말문을 닫고 지냈네
한세상 기꺼이 머물 만한 곳을
찾아 떠나보려고도 했지만
이렇게 마음이 멀어지고 나면
사는 곳 또한 절로 외진다는 것을
이제야 알았네
이 몸이 세상에 남아 있을 날,
과연 얼마이랴 그때까지
이따금 머리 들어 먼 하늘 바라보다가
좋은 때라 생각되면
매화산에 올라 나직이 휘파람 불고
수정골 맑은 시냇가를 찾아 시를 읊조리는 것뿐
마음은 나를 버린 지 이미 오래,
몸도 내 것이 아님을 잊지 말아야겠네

---

* 도연명의 시 「음주(飮酒) 5」와 「귀거래사(歸去來辭)」를 부분적으로 차용.

아버지, 무덤을 나오셨네

그곳에 生이 있었네
처음은 없고 끝만 있는 生
살아 生生하던 生이
뼈 한 조각 남기셨네

고뇌하던 눈동자도
더운 숨 몰아쉬던 가슴도
사랑을 다짐하던 손가락도
슬픔을 지탱하던 두 무릎도
대체 어디로 사라진 것일까

이 눈부신 적멸
이 무량한 시간의 힘!

쥐똥나무

쥐똥나무 숲은 언제나
꿀벌들로 가득합니다

이름에 상관없이
한결같은 정성으로
그윽한 꽃향기를 내뿜는
아름다운 영혼들

다음 세상에선 쥐똥나무로 태어나
당신의 작은 울타리가 되고 싶습니다

박쥐

온종일 거꾸로 매달려
흡혈을 기다리는
행복한 이 시간,

천 길 어둠 속에서도
내 그리움은
길을 잃지 않는다

즉사(卽事)* 1

겨우내 얼었던 제 몸을 풀어
세상은 다시 푸르러지는데
나는 갓 출가한 행자처럼
그것이 낯설게만 느껴지는 것이었다
봄을 경험한 것으로 치자면
이미 헤아릴 수 없을 만큼 많았지만
돌아보면 봄은
그때마다 새봄이었기에
오늘도 난
종일토록 집 앞에 나와 앉아
초저녁달을 기다리며
일렁이는 물결과,
물결들이 시시각각 바꿔놓는
다채로운 강변 풍광을 바라보며
바람이 지나간 자리를 가늠해보는 것이었다
삶은 이렇듯 낯섦의 연속인 바
그 낯섦이 항시
새로움에 대한 열망으로 이어지기를

나는 조심스레

소망하는 것이었다

---

* 즉사(卽事) : 문득 떠오른 생각을 노래함.

즉사(卽事) 2

이른 아침, 자리에서 일어나
밤새 내가 머물렀던 곳을
뒤돌아보면 아 아득하여라
헝클어지고 구겨진 이부자리만큼
혼곤했을 내 영혼,
캄캄한 어둠 속에 혼자
내버려졌을 영혼을 생각하면
마치 육탈된 나를 보는 듯
외롭고 까마득하다 어느덧
내 몸은 낡고 낡아
곳곳이 이렇게 폐허인데
내 영혼이 깃들 곳은 어디인지
이제 그곳이 조금씩 보이는 듯하다

즉사(卽事) 3

지병은 어느덧 뼈아픈 고질이 되어
내 몸 곳곳을 음지로 만들어
양치류 같은 슬픔들을 길러내는 것이었다
그럴수록 마음을 다잡아야 한다고 했지만
내 마음은 늘 그런 다짐으로부터
멀찍이 비껴나 있는 것이었다
그리하여 오늘도 나는
깊고 푸른 느티나무 그늘에 앉아
고즈넉한 저녁 풍경에 몸을 기댄 채
붉게 물들어가는 강물을 하염없이 바라보거나
어둠을 부르는 풀벌레소리를 들으며
슬픔의 포자들을 열심히 틔워내는 것이었다
늙는다는 건 결국
내게 비굴해지는 것이었다

봄날

온종일 누워 하루를 지냈네
밤새 지독한 몸살을 치르고 난 뒤라
영혼은 북상하는 꽃 소식 하나에도
부르르 몸을 떨었네
곳곳마다 잔설처럼 남아 있는 미열,
저 봄꽃들도 겨우내
제 안의 신열과 싸웠으리라
그러나 나는 어느덧
쉰을 넘긴 지 오래,
피워야 할
꽃잎 한 장 남지 않은
쓸쓸한 나이

그날 나는 온종일 누워
대숲을 흔드는 바람소리를 들었네

길

네게 닿는 길은 언제나
막막한 어둠이다

난 오늘도
물푸레나무 속잎 같은
어둠의 경계에 서서
이 어둠이 어디쯤에서
또 다른 어둠과 맞닿고 있을지
생각해보았다

새벽 무렵,
댓잎에 떨어지는 빗소리를 들었다

목련꽃 아래서

나무들은 저마다 눈부신 등불 하나씩을
가지 끝에 매달고
새봄을 노래했지만 나는
오체투지 하듯 떨어지는 목련꽃에서
나의 최후를 보았다
비장미도 없고
우아미도 없는,
숭고미나 골계미는 더더욱 없을
나의 외로운 최후, 그러나
늙는다는 건
슬픔을 안으로 다스리는 일,
그리하여 나는
이제 막 탱탱해지기 시작한 봄 햇살 아래
막막한 세월을 잠시 내려놓고
옛 선비들의 간찰(簡札)을 읽었다

봄비

후두둑, 후두둑
빗방울 듣는 소리
내 귀를 간질이네
달팽이들이 일제히
촉각을 세우네
청명 곡우 지나
입하를 며칠 앞둔 오늘
빗소리에 제법 살이 올랐네
한여름 장맛비처럼
뚝뚝, 관절을 꺾네
후두둑, 후두둑
손바닥만 한 목련 이파리들
그때마다 몸을 뒤치네
내 안에서도 연달아
비구름을 만드네
이 비 그치면 여름이
느낌표처럼 일어서겠네
올올(兀兀)하겠네

봄날 저녁

자운영 꽃밭에 누웠네
동글동글,
튀밥을 닮은 홍자색 꽃송이마다
온갖 벌 나비가 모여들었네
온몸에 꽃가루를 뒤집어쓴 채
붕붕대거나 나풀거리고 있었네
이 세상에 존재하는 것 가운데
향기 맡을 줄 아는 것들은
죄다 발품을 팔았네
하늘도 내려와
저녁 내내 붉어 있었네

낮술

망종(芒種) 가까운 휴일 오후,
자분자분, 비 내리고 있었네
어느새 뒤란 툇마루에까지
더위를 들이신 품이
인정 많은 우리 어머니 같았네
난 빗소리에 귀 모으고 앉아
강물을 바라보며 술을 마셨네
이윽고 수런거리기 시작한 토란잎들,
빗방울이 조금씩 굵어지고 있었네
문득, 낯선 시간 속에 나 혼자 남겨진 듯
어둠이란 어둠은 죄다 모여 있었네
어디선가 뜸부기 한 마리
그 어둠에다 작은 빗금을 긋고 있었네
울안 금낭화 붉은 꽃잎도
낙숫물처럼 뚝뚝, 떨어지고 있었네

하지(夏至)

— 〈미스타페오〉*에서

어느덧 어둠이 오고 있었네
꽁지가 노란 새들이
봄날 내내 와 놀던
뒤란 측백나무 숲에선
머리채 긴 바람들이
이따금 가지 끝에 머물곤 했지만
장마전선이 북상하고 있다는
기상특보와는 달리
비는 한 방울도 내리지 않았네
오늘은 일 년 중 낮이 가장 길다는 하지,
그 긴긴 낮 시간처럼 나는
기일게 누마루에 누워
은자들이 남긴 절연시편(絕緣詩篇)을 읽었네
그들이 세상을 버렸든
세상이 그들을 버렸든
그들이 정작 말하고 싶었던 것은
세상을 향한 끝없는 욕망,
결국 욕망을 덜어내기 위한 글쓰기였네

어둠이 쌓이기 시작하는 이곳 오미나루,
물안개 속을 천천히 떠가며 그물을 내리는
고기잡이 풍경 위로 반짝,
초저녁별 하나 눈부시게 깨어나고 있었네
내일 아침엔 텃밭에 나가
주먹만큼씩 자라났을 감자나 몇 알 캐야겠네

---

* 춘천시 서면 신매리 소재의 커피 전문점으로 이곳에서 3년간 기거한 바 있다.

춘신(春信)

아침엔 느닷없이 폭설이 퍼붓더니
저녁엔 옛 친구의 부음(訃音)을 들었다

제4부 내 마음의 율도국

물의 나라*

춘천에서 화천으로 이어지는 그 아득한 물굽이마다 아침이면 안개가 울창한 숲을 이루고 검푸른 호수를 이루어 날마다 이곳에는 새로운 물의 나라가 세워집니다 난 그 나라의 가난한 백성이 되어 아침마다 군왕이 베푸는 안개의 축연에서 넋을 잃기 일쑤입니다

요즘 이곳에는 단풍이 한창입니다 단풍이란 모름지기 북으로 올라갈수록 더 곱고 진한 법, 난 안개의 숲에서 간신히 추스른 정신을 결국 단풍의 바다에다 속절없이 내려놓고 맙니다 407번 지방도를 따라 올라가는 아침 출근길이 행복한 것도 바로 이맘때입니다

난 오늘도 물의 나라에 와서 온종일 혼자 놉니다 그러나 집으로 돌아갈 때면 파로호 물빛을 닮은 내 외로움도 단풍에 물들어버린 듯 발걸음을 옮길 때면 뼈만 남은 내 발굽에선 핏물 대신 단풍물이 흥건합니다

---

* 강원도 화천을 이르는 말.

우기(雨期)

소소리바람이 종종걸음으로 이따금 흙먼지를 날릴 무렵

능소화가 진홍색 꽃망울을 터뜨려 내 손목을 잡아끌 무렵

밀잠자리들이 습지를 찾아가 구애의 첫 비행을 할 무렵

후텁지근한 대기가 허공에서 꼭짓점을 찍을 무렵

어머니께서 욱신거리지 않는 뼈마디가 없다고 말씀하실 무렵

아내가 정신을 놓고 강물 저편을 오래도록 응시할 무렵

여름밤

밤하늘에 별들이 떼 지어 떠 있다

무리를 짓는 것은
살아 있는 것들의 오랜 습성,
오늘도 사람들은
밤늦도록 이 거리 저 골목을 몰려다닌다
무턱대고 세(勢)를 불리려는 그들의 욕망은
무정형(無定形)의 고무풍선과 닮았다

어둠보다도 깊은 대숲에서
목어처럼 우는 직박구리 한 마리,
어느덧 달이 많이 기울어졌다
별들도 제집으로 돌아갈 시간이다

내 마음의 율도국 1

수런거리는 바람과 함께
여름 한철을 수정골에서 지냈네
이따금 굴참나무 숲으로
붉은머리오목눈이*들이 찾아와
고래고래 악을 쓰기도 했지만
나는 와불처럼 누워
코끝에 스치는 풀꽃들의 향기를 맡으며
왕유**의 시를 읽었네
살랑대는 나뭇잎 사이로
햇살이 두 귀를 간질일 때면
나는 아득한 낮잠 속으로 빠져 들어가
붉은머리오목눈이가 되어
높푸른 하늘을 솟구쳐 오르곤 하였네
날갯짓 한 번에
무려 구만 리를 간다는 붕새에다
감히 뱁새를 견줄 순 없어도
제 성정과 분수를 잊지 않고 사는 것이야말로
가장 현명한 삶임을

마힐거사(摩詰居士)가 깨우쳐주는 것 같았네
그때마다 나는
율도국에 도달한 홍길동이라도 된 듯
더 이상 바랄 것도 근심할 것도 없었네

---

* 새목 딱새과의 새. 우리나라에 아주 흔한 텃새로 일명 '뱁새'라 한다.
** 왕유(王維) : 중국 당나라 때의 시인으로, 인도 대승불교 거사인 유마힐에서 '마힐'을 따서 자(字)를 삼을 만큼 불교 선종의 독실한 신도이기도 하여 '시불(詩佛)'로 평가받는다.

내 마음의 율도국 2

어젯밤에도 술은
깊은 못을 이루었고 고기는
너른 숲을 이루었네 나는
달빛이 이울도록 취했다가
결국에는 길을 잃었네
이 풍진 세상을 만났기에
소주는 술술 잘도 넘어갔으며
입안 그득, 안주는 달콤하였네
혀는 이내 꼬부라졌고
발걸음도 제각각이었지만
고래고래, 노래방으로 이어지는
고된 여정 속에서도 나는
여간 즐겁지 않았네

중복(中伏)

내 슬픔의 무게는 다만
두 냥 닷 푼을 넘지 못하고
내 눈물의 길이는 채
한 발을 넘지 못하고
내 무덤의 깊이는 고작
넉 자 세 치를 넘을 수 없는데
한 식경도 지나지 않아 나는 또
그 특유의 거들먹거림과 재잘거림으로
나를 장식하고 비호하는 것이었다
이것 또한 내 오랜 상처이려니
아 나는 대체 무얼 할 수 있단 말인가

낡은 가죽소파에 누워 빗소리를 듣다

아내보다도 낡은 가죽소파에 누워
빗소리를 듣고 있었네
마당 한구석 느티나무 위에선
꽁지가 노란 새 한 마리가
여름 내내 더위를 지키고 있었지만
세상은 어느덧
가을 한가운데에 들어 있었네
돌아보면 삶은 언제나
후회와 다짐의 연속이었으나
그것은 결국 또 다른 무지와
어리석음을 드러내는 데 충실했을 뿐
내 오랜 부끄러움을 결코 지울 수 없었네
빗소리가 더해질수록
일제히 제 여린 모가지를 꺾는 백일홍들,
무려 석 달 열흘을 붉다는 그 꽃 이름이
조금은 무색할 듯하였네
그런 것을 보면
실제는 평판이나 풍문과

얼마든지 다를 수 있는 것,
우리네 인생도 그럴 수 있음을
새삼 생각해보게 되었네
오늘 하루만큼 더 깊어진 어둠이
403번 지방도를 따라
천천히 남하하고 있었네

귀뚜라미

누가 벽에 기대어
울고 있는가
여름이 떠난
빈자리,
그 상처마다
새살이 돋고
마침내 가을이 온다

내 영혼도
순결해질 시간이다

굴욕

밥상을 차릴 때마다
아내는 나를
짐승 취급한다
쳐다보는 눈빛이
그것을 온전히 증명한다
늙는다는 건 결국
눈칫밥을 먹는 것임을
이제야 알았다

삼 년 내내

— 〈미스타페오〉를 떠나며

삼 년 내내 강물만 보고 살았다
꽃피는 봄날 아침부터 달 뜨는 겨울 저녁까지
시시각각 변해가는 물빛과
그 물빛들이 그려내는 다채로운 풍경들을 보며
내 영혼의 물빛도
수백 가지 풍경을 그려내었다 이를테면
토란잎에 빗방울 구르는 늦은 봄날이면
내 영혼은 연두색 어둠 속에 갇혀
길을 잃어버리기 일쑤였고
눈보라 몰아치는 한겨울이면
울안 느티나무처럼 웅크리고 앉아
슬픔으로 가는 내 영혼을
물끄러미 바라보았다
돌아보면 이곳에서의 나의 일과란
어둠을 향해 내 영혼을
조금씩 강물에 떠나보내거나
강물에 비친 내 영혼을 마주하고
잠시 쓸쓸해 하는 것이었을 뿐

정작 내 안의 수백 가지 풍경이라는 것도
사실은 조금도 다를 게 없었다
세상은 갈수록 번잡했지만
삼 년 내내 난 이렇게
슬픔과 함께 살았다

빈집 1

아내가 집을 비우고 나니
마치 폐허인 듯
적막하고
적막하다

혼자 맞는 어둠이
이렇게 깊은 줄
잊고 살아온
내 잘못이 크다

빈집 2

혼자 먹는 밥이라
넘어가지 않는다
나이를 먹을수록
슬픔에 익숙해져야 한다지만
이런 아침은 맞닥뜨리고 싶지 않다
내가 집을 비우면
아내도 밥상을 마주하고
이렇게 목이 메이리라
혼자된다는 것이
눈물로 밥알을 삼키는 것임을
이제야 알겠다

빈집 3

아내가 돈 벌러 나간 사이
나는 늦은 아침을 먹고
내 방에 들어가 책을 읽거나 시를 쓴다
만인의 사표(師表)는커녕
일인의 사표도 될 수 없어
학교를 뛰쳐나온 지
어느덧 육 개월,
그걸 깨닫기까지 자그마치
서른두 해가 소요되었음을
부끄럽지만 고백하지 않을 수 없다
아내가 벌어오는 돈과
내가 만드는 시,
아내의 눈물이 빚어낸 돈과
나의 외로움이 빚어낸 시,
나를 대신하여 가장(家長)이 된
아내의 슬픔은
이 겨울 어둠보다 깊을진대
깨달음을 빙자한 나는

온종일 방구석에 틀어박혀
대체 무얼 하고 있는 걸까
한 그릇의 밥도 될 수 없고
아내의 눈물조차 보듬을 수 없는 내 시,
오늘도 나는 빈집에서
저녁이 오기만을 기다린다

아침을 맞이하는 두 가지 방법

1

숲에서 혼자
아침을 맞이해본 사람은 안다
아침이 시간의 능선을 따라
빛으로 오는 게 아니라
소리로 온다는 것을,
새와 꽃, 나무와 풀벌레,
심지어는 돌멩이까지
자박자박, 자기만의 소리로
모든 어둠을 제 발밑에
엎드리게 한다는 것을

2

빈집에서 혼자
아침을 맞이해본 사람은 안다
깊은 어둠 속, 불을 끄고 누우면
온갖 물상들이 제 안에다
조금씩 들숨을 불어넣어

나직이 깨어난다는 것을,
난로와 의자, 책장과 마루,
심지어는 벽체까지
뚝뚝, 관절 꺾는 소리로
무명(無明)의 틈새를 비집고
되살아난다는 것을

생가(生家)에 대하여

생가가 없는 나는
이미 그것만으로도
유명 시인이 될 자격이 없었다
돌아보면, 변방을 떠돌듯
곤궁했던 생애,
영혼이 머물 거처를 찾아
한평생 헤매었기에
지켜야 할 고향도
지키고 싶은 집도 내겐 없었다

그러던 어느 날, 남도 출신의
어느 유명 시인의 생가를 소개하는
TV 프로그램을 보던 중
그의 기품 있는 고택 못지않은
아름다운 집 한 채를 갖고 싶어졌다

다시는 찾아 헤매지 않아도 될
안식과 평화를 위하여

수오재(守吾齋)라는
거창한 당호(堂號)를 붙이고
그 안에 들어앉아
집과 함께 조용히 늙어가는 것,
그것이야말로 진정
나를 지키는 일이라 믿고 싶었다
달빛을 들이고 바람을 담을 만큼
너르지는 않아도
폐허가 된 이 몸 하나
편히 누일 수 있다면
그것만으로도 나의 노후는 누추하지 않으리

그러나 마음을 다스리는 것보다
힘겨운 것이 있을까,
좋은 시를 쓰고 싶은 욕심은
이렇듯 간절한데

달

1

초승달과 초생달,
봉선화와 봉숭아만큼이나 혼란스러웠지만
초생(初生)이 초승으로 변한 것은
이생/저생이 이승/저승으로 발전한 것처럼
지극히 자연스러운 일,
초하루부터 며칠간만 볼 수 있는 저 달이
누나의 눈썹을 닮았다는
바로 초승달이다
오래전에 홀몸이 된 누나,
숙자 누나가 보고 싶은 밤이다

2

왜 낮달은 꼭 반달이어야만 하는지
쉰이 넘은 지금까지도 나는 알지 못한다
내게 달의 공전과 지구의 관계는
여전히 해독할 수 없는 암호 같은 것이었다

3

그해 겨울은 유난히 길고 눈이 잦았다
매스컴에선 백 년 만의 한파라고 했으며
1미터의 폭설이 한꺼번에 내려 쌓이기도 했다
결국 나는
오랫동안 앓던 풍치 하나를
또다시 뽑아낼 수밖에 없었다
만월이 가까워진 날이었다
늙은 의사는 내게
임플란트 시술이 힘들 거라는 진단을 내려주었다

4

오늘 아침,
거실 커튼을 열다
단풍나무 가지 끝에 걸려 있는
깡마른 그믐달을 보았다
가슴 한쪽이 먹먹해지는 이른 봄날이었다

냄새에 대하여

모든 사람에게는 그만의 냄새가 있다
302호 세입자가 이사 가던 날,
내가 살고 있는 4층까지
그녀의 냄새가 스멀스멀, 기어 올라왔다
뭐라고 해야 할까
단지 좋다, 나쁘다가 아닌
그저 유쾌하다, 불쾌하다가 아닌
또는 화장품 냄새라거나
반찬 냄새라고만은 할 수 없는,
201호 총각이 이사 가던 날도 그랬다
무엇이 자기만의 냄새를 만드는 것일까
타고난 유전자일까 아니면
식성 취미 등의 생활 습성일까
사람은 누구나 고유한 냄새로 자신을 증명한다는데
나는 어떤 냄새로 생을 마감할까
엊그제 지하철에서
할아버지라는 말을 처음 들었다
아마도 내게서 노인 냄새가 났었나 보다

해설

길의 세 층위 : 시간, 존재, 자연

김석준 시인 · 문학평론가

"한 접시 어둠"(「가을 저녁—반곡역에서」) 같은 그 무엇인가가 생 앞에 펼쳐진다고 느껴질 때, 우리는 생의 어느 국면에 들어선 것인가. 모든 의식은 시간이고 시간에 관한 지속이다. 시간이 의식의 타자이자 존재적 타자로 인식되는 한, 우리는 시간의 포로이거나 "시간의 지층"(「위스키를 마시고 이니그마를 듣다」)들 사이에서 소멸하게 된다. 이를테면 양승준 시인에게 시간은 "영혼의 울림"과 "떨림"(「여생」)으로 탄주되는 "영혼의 기록"(「입동(立冬) 무렵」)으로 채색되어 있다고 가정할 때, 그것은 시간의 어떤 면모인가. 사실 인간학이라는 것 자체가 "시간의 붉은 흡반"(「마리오 루폴로」) 속으로 함몰되어 미궁에 빠지거나 "푸른곰팡이" 낀 "그리운 최후"(「그리운 최후」)를 맞이하게 된다. 그게 인간학의 본성이고 자명한 이치이다. 시간은 타자다. 시간이 이 세계에 들어온 순간부터 혹은 시간이 시간으로 인식된 순간부터, 시간의 주인은 시간 그 자체라는 것을 깨닫게 된다.

인간학이라고 명명된 그 모든 것들은 시간으로부터 시작해서 시간으로 재귀하는 동일한 것의 반복이다. 표면적으로 볼 때 분명 인간학적 도정 전체가 차이를 차이 나게 표현하는 차이의 운동으로 중층 결정되어 있는 것처럼 보이지만, 차이의 운동은 그 차이의 속성에도 불구하고 시간의 구조 내부에서 반복으로 체현된다. 만약 인간학적인 운동이 그와 같은 것으로 판명난다면, 우리는 시간으로 산화하는 무기력한 존재에 지나지 않는다. 왜냐하면 존재란 시간을 관통함으로써만 존재로 승인될 수 있기 때문이다. 따라서 양승준 시인의 금번 상재한 『위스키를 마시고 저녁산책을 나가다』 전체는 시간을 통과한 존재의 문양들을 시말 속에 응고시킨 것이거나 "영원한 시간"과 "시간의 족쇄"(「위스키를 마시고 저녁산책을 나가다」) 사이를 영혼의 형식으로 관통해가는 존재의 운동이라 하겠다.

때론 "천 길 어둠"(「박쥐」) 속을 "낯선 시간"(「나팔꽃」)의 형식으로 건너면서 때론 "즐거운 환멸"(「파적(破寂)」)과 "거룩한 향연"(「소머리국밥」) 사이를 영혼의 형식으로 응결시키면서, 시인은 시간의 본질 속으로 잠입해 가고 있다. 물론 인간학이라는 것 자체가 늘 시간 앞에 좌절하고 절망하도록 짜여 있지만, 따라서 인간학은 그 자체로 구조화된 시간의 공시태라고 간주되기까지 하지만, 양승준의 그것은 "이니그마"와 같은 존재의 음영에 관한 탐색과 "시간 속으로 제 슬픔을 거두어들"(「위스키를 마시고 슬픔을 다스리다」)이는 일을 모색하고 있다. 분명 시인의 시살이 전체는 말과 말 사이에서 빚어지는 시말의 신기원이 아니라, 존재에 의한 존재를 위한 존재의 시말로 중층 결정되어 있다. 비록 시간 위를 주파하는 생에의 형식 전체가 늘 "무지와 어리석음"의 반복이거나 "후회와 다짐의 연속"(「낡은 가죽소파에 누워 빗소리를 듣다」)처럼 보이지만, 어쩌면 이 모든 존재의 문양이 인간학의 본질이고 시간의 정체인지도 모른다.

시간의 주인이 시간인 한, 혹은 "뼈만 남은 슬픔"과 "행복한 귀거래"(「귀거래사」) 사이에서만 시간이 시간으로 인식되는 한, 우리는 시간의 휨 작용 속으로 산화하는 무기력한 시간의 타자에 지나지 않다는 사실을 직감하게 된다. 시인에게 시간은 슬픔이다. 아니 보다 정확하게 말해서 시간에 관한 의식이 "고단한 생애"(「소머리국밥」)나 "부조화의 나이"(「50」)로 인식되는 한, 그것은 시간의 지층들이 만든 인간학적 문양에 다름 아니다. 시간은 주체도 아니고 객체도 아니다. 시간은 타자다. 시간이 존재 전체를 휘어지게 만드는 한, 시간은 존재의 주인이고 존재는 시간의 매개적 표상일 따름이다.

차라리 내 영혼의 빈 곳간을
슬픔들로 채워 넣고 싶었네
숨을 들이쉴 때마다
풍선마냥 부풀어 오르는
슬픔의 돌기들과
그것들을 얽어 만든
슬픔의 통발 속에다
나를 가둬두고 싶었네
풀 한 포기 틔우지 못하고
꽃 한 송이 피우지 못하는
너절한 내 영혼,
마구 버림받게 하고 싶었네

—「아랑후에즈 협주곡을 듣다」 전문

"곡예사"와 같은 "생"(「나팔꽃」)을 살아갈 때, 시간의 내부를 어떤 문양으로 채색하기를 원하는가. "좋은 시를 쓰고 싶은 욕심"(「생가(生家)에 대하여」)이다. 분명 시인이라면 누구나 "영혼의 빈 곳간"에 아름다운 시말들을 그득 채우기를 열망할 것이다. 타레가나 세고비아 혹은 예페스의 기타 연주곡을 들으면서 혹은 스페인의 어디쯤을 몽상하면서, 양승준 시인은 슬픔 그득한 영혼의 형식을 시말로 치환시켜가고 있다. 영혼의 형식은 슬픔의 형식이자, 인간학적 비애가 비등하는 지점이지만, 시인은 생에의 형식 전체를 불모의 지대로 이끈다. "풀 한 포기", "꽃 한 송이" 조차 싹 틔워 피워 올리지 못하는 바로 그 지대가 영혼이다. 왜 시인은 "슬픔의 통발" 속에 스스로를 유폐시킨 채, 자신에게 속한 모든 것들을 철저하게 방기(放棄)하는가. "슬픔의 돌기"들이 자라기 때문인가, 선험적 시간의 구조가 그러하기 때문인가.

시「아랑후에즈 협주곡을 듣다」가 슬픔에서 시작해 슬픔으로 회귀하는 원환운동일 때, 우리는 그 슬픔의 고리를 끊어낼 수 있는가. 불가능하다. 생이 시간의 지층들로 이루어져 있는 한, 인간학이 시간의 타자에 대한 역설로 짜여 있는 한, 우리는 슬픔의 수인으로 갇히게 된다. 그것은 스스로가 행한 자폐적 행위이자 타자화된 시간에 의해 유폐당한 것이기도 하다. 왜냐하면 인간에게 허여된 시간은 언제나 이중주 위에서 탄주되는 변주곡에 다름없기 때문이다. 하나의 현이 존재론적인 욕망을 응결시켰다면, 다른 한 현은 그것의 불가능성을 불길한 음률로 노래하고 있다. 생의 밑면에 슬픔이 자리한 것으로 간주되는 한, 생이 탄주되는 현 위에 인생 자체는 늘 그렇듯이 협화음이 아니라 불협화음이다. 슬픔이 고동치고 비애가 몰아닥친다.

길은 언제나 길 끝에서 낯선 골목과 해후하며 새로운 길을 만든다, 그리고는 길처럼 길게 누워 또 다른 골목을 기다린다, 그러기에 길은 어디에서도 끝나지 않는다

—「위스키를 마시고 오규원 시집을 읽다」 부분

아침엔 느닷없이 폭설이 퍼붓더니
저녁엔 옛 친구의 부음(訃音)을 들었다

—「춘신(春信)」 전문

그러나 나는 어느덧
쉰을 넘긴 지 오래,
피워야 할
꽃잎 한 장 남지 않은
쓸쓸한 나이

—「봄날」 부분

언어로써 세상을 구하겠다는 열망 하나로
늘 가슴은 뜨거웠으니
감히 문자를 세워 뜻을 펼치려 했던

이 황망한 어리석음마저도 부끄럽지는 않으리

—「귀거래사」 부분

길 위의 인생은 미지의 현 위에서 탄주되는 멘델스존의 〈바이올린 협주곡〉의 비극적 아름다움이다. 인간학이 길인 이유가 바로 여기에 있는데, 그것은 바로 길이 곧 시간 위에서 탄주되는 존재의 형식과 닮아 있기 때문이다. 악장과 악장 사이는 끊어질 듯 이어져 있고, 음은 빠르고 급격한 포르테에서 애절하지만 따스한 안단테 칸타빌레로 변주되는데, 그것이 바로 길의 본성이고 인간학이다. 마치 "시간이 흐를수록 제가 만든 파문 속에 제 발목을 가" 둔 "그리움"(「위스키를 마시고 이니그마를 듣다」)처럼, 시인은 "낯선 골목"의 끝자락에서 생이 마주하는 진위를 알아차리게 된다.

길의 끝에 예기치 못한 "폭설"이 있고 "옛 친구의 부음(訃音)"이 있다. 비록 시인이 그것을 봄소식이라고 말하고 있지만, 어찌 그것이 봄일 수 있겠는가. 생에의 가을이나 겨울 어디쯤에서 불현듯 마주한 예기치 못한 죽음이 시간의 선분을 가로지르는데, 그것이 "아침"과 "저녁"의 본질이자 시간을 마주한 존재의 문양이다. 시간은 "느닷없이"다. 시간은 "낯섦의 연속"과 "새로움에 대한 열망"(「즉사(卽事) 1」) 사이를 "슬픔의 포자"(「즉사(卽事) 3」)로 주름지게 만드는데, 그것이 바로 시간이 현상하는 방식이다.

따라서 청춘을 구가하던 시간은 "온종일 누워" 있는 시간으로 퇴화되거나 "오랜 상처" 속에 기입된 "슬픔의 무게"(「중복(中伏)」)를 반추하게 된다. 시간은 본질적으로 굴절되거나 휨 작용에 의해서만 정의된다. 마치 "쓸쓸한 나이"가 되어서야 시간의 압박을 온몸으로 감지하게 되듯이, 양승준 시인은 "지독한 몸살"을 앓는 연후에 시간의 미분함수를 체감하게 된다. 시간의 본질은 등량곡선 위를 일정한 속도로 질주하는 것이 아니라, 가속도로 질주하게 된다. 시간은 임의로 굴절되거나 "넘긴 지 오래"로 휘어져 시간의 운동 전체가 불모의 지대에 당도한다는 사실을 직감하게 된다. 시간의 승리자는 '므네모시네'가 아니라 항상 '레테'이다. 마치 일순간에 "봄날"이 가을날을 추상하게 만들 듯이, 우리는 그렇게 "신열"이 끓는 몸으로 시간의 뒷면으로 사라지게 된다.

시간이 얼마나 잔혹한지는 시간의 주름을 들여다보면 안다. 시간은 "뼈"다. 시간은 뼈로 남는 흔적이거나 뼈에 각인된 영혼의 흔적이다. 때론 "목숨의 젓값"(「목어(木魚)—구룡사에서」)으로 인간학적 고민에 휩싸이면서 때론 "영혼이 깃들 곳은 어딘지"(「즉사(卽事) 2」)를 읊조리면서, 양승준 시인은 시간이 가 닿는 지점을 존재론적 층위로 응결시키고 있다. 도연명이 '귀거래혜(歸去來兮)'를 연호하면서 모든 이욕의 바깥에 위치했던 것처럼, 시인도 선형적 시간 내부를 응시하면서 "행복한 귀거래"를 열망하고 있다. 비록 시인의 그것이 "언어로써 세상을 구하겠다는 열망"을 '정직'하게 발설한 것이지만, 시인의 시말운동은 반성적 성찰 위에 전개되는 것이라고 말해야 마땅하다. 왜냐하면 양승준의 그것은 시간이 만들어놓은 주름들을 다층적으로 부조시키고 있기 때문이다.

어찌 하면
네게 닿을 수 있을까

까치발 높이 들고
모가지 길게 빼고

가도
가도
슬픔인
나

—「담쟁이」 전문

슬픔을 표상하는 "나"가 진정 가 닿고 싶은 곳은 어디인가. 만약에 시간의 선분이 아름다운 "푸른 눈꽃"(「크리스털 드림(Crystal Dream)」)이 몽상의 시간이 아닌 "관음증의 슬픔"(「위스키를 마시고 포르노그래피를 보다」)으로 판명난다면, 우리는 진정 그 어디에 가 닿는가. 슬픔이다. 닿는다는 것은 슬픔의 수인에 갇힌다는 것이나 진배없는데, 그것이 바로 시간 앞에 선 인간학의 참모습이라 하겠다. 비록 시간의 앞면에 희망이라는 미정형의 꿈을 아로새기면서 미래를 설계해보지만, 시간의 시간은 시간의 뒷면에 슬픔을 색인하게 된다. "가도/가도/슬픔" 위에 슬픔이 겹쳐지는 인간학적 한계상황에 당도하게 될 때도 우리는 닿을 수 없는 미지의 세계를 열망하는가. 양승준 시인의 시 「담쟁이」는 시간의 실체를 슬픔으로 환원시키는데, 그것이 바로 인간학이 처한 실존적 국면이라 하겠다. 마치 "시간은 내 낡은 모가지를 잡아끌고 이리저리 잘도 돌아다녔다"(「위스키를 마시고 저녁산책을 나가다」)에 언표되어 있는 것처럼, 인간학의 주체는 인간이 아니라 시간이다. 말하자면 인간은 시간의 기식자일 뿐 시간의 주체일 수는 없다. "담쟁이" 덩굴처럼 시간에 달싹 붙어 시간을 온몸으로 전유하고자 하나 시간은 가 닿을 수도 그렇다고 놓을 수도 없는 그 무엇으로 표상된다. 따라서 시간의 주체는 슬픔이고, 그것의 객체는 죽음이다.

칼집 깊숙이

분노를 감춘 채
밤마다 살해를 꿈꾸는
이 슬픔을
너는 아는가
욕망을 인내하는 것은 곧
나를 버리는 것,

—「칼」 부분

기다림에 익숙한 자만이 이룰 수 있는 살해와
분노를 삭일 줄 아는 자만이 누릴 수 있는 평화,
이 둘을 제 살 속 깊숙이 감추고 있는
저 금속성의 모순 덩어리!

—「칼을 노래하다」 전문

어젯밤에도 술은
깊은 못을 이루었고 고기는
너른 숲을 이루었네 나는
달빛이 이울도록 취했다가
결국에는 길을 잃었네

—「내 마음의 율도국 2」 부분

아 내가 나를

추스르지 못하는 것은

얼마나 역겨운 일인가

—「미카르디스 플러스 정(錠)」 부분

생은 한 개의 "분노"와 수많은 "슬픔", 그리고 보리(菩提)로 짜인 미지의 기호이다. 시간의 길이 미지로 휘어져 인간학적 아포리아에 당도하게 되어 있는 한, 우리는 언제나 "어둠의 가시"(「어두워진다는 것」)를 응시하는 미욱한 존재이다. 시간은 존재에게 삶에의 의지를 강요하고, 존재는 시간에 의해 슬픔에 이르게 되는데, 그것이 바로 시간과 존재 사이에 놓인 존재론적인 길이다. 시간의 길이 존재의 길을 차압하도록 예정되어 있는 한, 우리는 언제나 "칼"을 노래하고, "어둠의 세월"을 예찬하며, 궁극에는 "모순"을 이야기하게 된다. 시간의 길 앞에 놓인 존재의 길은 모순으로 스스로를 증명하는 한, 우리는 푸코가 빠진 함정에 당도하거나 들뢰즈라는 모순을 만나게 된다. "밤마다 살해를 꿈꾸"면서 슬픔의 수인이 되는 저 모순 같은 감성의 지대에 시간이 있고 존재가 있다. 그런데 문제는 문제를 일으키는 원흉이 시간임에도 불구하고 시간은 스스로를 현전시킨 적이 없다는 사실이다. 시간 앞에 늘 존재가 놓여 있다. 시간의 시간을 슬픔으로 체현하는 주체도 존재이고, 시간을 "기다림"으로 표상하는 자도 존재이다.

그렇다면 존재의 길은 어떤 길인가. "욕망"과 "인내" 사이를 칼의 전언으로 노래할 때, 우리는 어떤 길에 당도하는가. 삶-시간-세계가 "이 풍진 세상"으로 표상되는 순간에도, 우리는 어떤 길을 걷고 또 어떤 의미의 지대에 가닿는가. 시 「내 마음의 율도국 2」는 길 위에 선 인간이 시간 앞에 길을 잃고 마는 형국을 가감 없이 그려내고 있는데, 그것이 바로 존재가 처한 적나라한 모습이다. 존재의 존재가 시간이고, 그 시간의 형식을 감내하는 주체가 존재인 한, 시간은 존재를 앞설 수 없다. 시간의 주체는 "소주"이고 "노래방"이다. 왜냐하면 이 양자 내부에 존재의 존재론적 모습이 현사실적으로 시간을 향유하고 있기 때문이다. 물론 "결국에는" 시간 앞에서 존재가 "길을 잃"고 헤매고 말겠지만, 존재가 없다면 시간도 없는 셈이다.

만약에 존재와 시간이 이렇게 맞물려 있다면, 존재는 어디에 당도하는가. 존재 없이 시간이 없다고 할 때, 존재는 시간에 어떤 의미이며, 존재가 시간을 어떤 모양으로 끌고 다니는가. 시간이 존재의 주체가 아니라 존재가 시간의 주체로 위치 바꿈 할 때, 그것은 어떤 인간학적 전환이 일어났기 때문인가. 시간의 부정이다. 물론 시간 그 자체를 부정하는 것은 불가능하지만, 시간을 의식으로 치환시키는 바로 그 지점에 시간의 부정성이 자리하고 있다. 마치 "몸도 내 것이 아님"을 자인하면서 "몸이 세상에 남아 있을 날"(「도연명을 생각하며」)들을 의식화시키는 그 지대에 "보리"가 있고 깨달음이 있다. 어쩌면 양승준 시인에게 시 쓰기란 일종의 "욕망을 덜어내기 위한 글쓰기"(「하지(夏至)—〈미스타페오〉에서」)인지도 모른다. 왜냐하면 인간학이란 시간의 앞뒷면에 새겨진 슬픔이라는 주름을 차근차근 지워나가는 과정의 산물이기 때문이다. 때론 "아름다운 영혼"으로 생에의 "작은 울타리"(「쥐똥나무」)를 만들면서 시인 양승준은 시간이 만든 존재의 길을 영롱하게 되비추고 있다.

> 늙는다는 건
> 슬픔을 안으로 다스리는 일
>
> —「목련꽃 아래서」 부분

> 네게 닿는 길은 언제나
> 막막한 어둠이다
>
> —「길」 부분

> 이 눈부신 적멸
> 이 무량한 시간의 힘!
>
> —「아버지, 무덤을 나오셨네」 부분

내 영혼도

순결해질 시간이다

—「귀뚜라미」 부분

존재는 시간이다. 시간은 하나의 요구이자 하나의 명령이다. 시간이 요구인 이유는 시간 그 자체를 타자화하는 인간학적인 욕망 때문이요, 그것이 명령인 이유는 비가역성 위에서 탄주되는 선분 운동이기 때문이다. 시간은 존재다. 인간에게 시간은 절대 주체이자 타자인데, 이 이중성 위에서 존재는 시간을 사는 실존으로 탈바꿈하게 된다. 저 인간학적 비애를 체감하는 기호가 "늙는다"라는 동사에 응결되어 있듯이, 시인은 시간의 타자 쪽에 위치하여 시간의 본성을 직시하게 되는데, 그것이 바로 시간 그 자체를 휘어지게 만드는 의식의 작용임에 틀림없다. 왜냐하면 "슬픔을 안으로 다스리는 일"은 그 자체로 시간을 의식의 힘으로 무화시키는 것이기 때문이다. "막막한 세월을 잠시 내려놓고" "외로운 최후"를 "목련꽃" 떨어지는 사연 속에 응고시키면서 시인은 자신의 "성정과 분수"(「내 마음의 율도국 1」)를 헤아리고 있다.

그러나 "어둠의 경계"에 닿는다. 제 아무리 독특한 도주선을 설정하여 시간의 형식을 탈영토화시킨들, 시간이 가닿는 길 끝은 언제나 "또 다른 어둠"과 맞닿아 있다. 인간에게 허여된 길이란 길 모두는 대타자의 길목에 당도하도록 예정되어 있다. 본성상 길의 속성이 그와 같을 때, 우리는 어떤 존재의 길을 준비해야 하는가. 사실 어둠 위에 어둠이 겹쳐지고 맞닿을 때조차, 우리는 그 생에의 형식을 숭고한 것으로 간주해야 하는가. "언제나" 똑 같은 방식으로 시간의 절단면을 응시하게 될 때, 우리는 절단면의 이쪽과 저쪽 사이를 무엇으로 봉합하는가. 시간의 "어디쯤"에 위치할 때, 가장 완벽하게 시간을 타자화할 수 있는가. 도주선을 설정하고 탈주를 시도하더라도 궁극적으로는 불가능하다. 시간의 주인이 시간인 한, 시간 그 자체를 정복할 수는 없다. 시간의 길 끝엔 존재론적 아포리아가 있고, 미궁이 있다. 반드시 어둠에 직면해야 한다.

"生生하던 生"은 생생하지 못한 생으로 퇴화되고 생 전체를 "뼈 한 조각"으로 환원시킨다. 사라진다. 생도 사라지고 시간도 사라진다. 사라짐과 생성 사이에 교묘하게 맞물려 있는 것이 시간이고, 시간의 존재 방식이지만, 시간은 "파로호 물빛을 닮은 내 외로움"(「물의 나라」)으로 시간 그 자체를 절대화한다. 시간은 시지포스 신화다. 시간은 부조리다. 시간은 불공평할 뿐만 아니라, 그 절대성을 상대화시켜 인륜적 가치 전체를 혼돈시킨다. 시간은 "무덤"이다. 시간은 미혹이다. 시간은 존재에 앞선 그 무엇으로 표상되지만, 그 존재를 통하지 않고 시간의 존재를 인식시킬 수 없다. 그러나 시간의 접촉면은 생성이면서 소실점이고 삶이면서 죽음이다. 마치 "무량한 시간의 힘"이 "눈부신 적멸"로 산화하는 것처럼, 존재란 그 자체로 "처음"과 "끝" 사이를 시간의 형식으로 종주하다가 미지의 공간으로 귀의하는 무기력한 존재이다.

그렇다면 이러한 시간 앞에 어떤 존재의 모습을 응결시켜야 하는가. 만약 시간이 존재의 문양 전체를 "상처"와 "새 살" 사이의 변증법적 운동으로 귀결시킬 때, 우리는 생의 내부를 가로지르는 존재의 존재성을 어떠한 모습으로 입체화시키는가. 또 생이 신비롭고 삶-시간-세계가 경이로운 것은 무엇인가. "영혼"이다. 엄밀히 말해서 영혼은 미지의 기호 X에 비견되는데, 그것은 존재와 시간(비존재)의 경계 지점에 위치하거나 존재를 존재론적으로 사유하는 최종심급이라 하겠다. 왜냐하면 영혼만이 시간을 타자화할 수 있는 유일한 방법이자 존재를 인간학으로 길항시킬 수 있는 유일한 척도이기 때문이다.

만약에 생에의 형식이 영혼의 심급 밑으로 가라앉는다면, 우리는 생 내부를 무엇으로 채우는가. 양승준 시인이 자신의 삶-시간-세계를 "나는 어떤 냄새로 생을 마감할까"(「냄새에 대하여」)라고 언명한 순간에 우리는 어떤 문양을 견지한 채 시간의 선분을 종주하는가.

ㅅ에선 향긋한 사람 냄새가 난다
두 사람이 서로의 어깨를 겯고
나란히 서 있는 모습이
人을 닮았기 때문이다 누군가에게
자신의 어깨를 빌려준다는 것은
그의 상처를 보듬겠다는 것, 이를테면
사랑이 그런 것임을
ㅅ이 제 몸으로 실연하는 것이다 다시 말해
남에게 상처를 건넨다는 것은
제 생을 온전히 그에게 맡기는 것임을
ㅅ이 그 생김새로 증명하는 것이다
삶이란 이렇듯
누군가와 슬픔을 함께 나누는 것임을
ㅅ이 온몸으로 보여주는 것이다

—「ㅅ을 말하다」 전문

숙명적으로 인간학이란 시간 앞에 절멸하게 되는 처연한 운명인데, 그것은 시효가 적용되는 소멸의 형식이기 때문이다. 따라서 시인이 자신의 "최후"를 "외로운 최후"(「목련꽃 아래서」)라고 명명한 순간, 그것은 존재가 직면한 슬픔이고 인간학의 심연에 아로새겨진 치유 불가능한 "상처"가 자리하고 있다는 사실이라 하겠다. 만약에 생에의 형식이 이와 같은 것으로 종료한다면, 시간 앞에 선 존재의 길은 절망적이고 암담하다. 인간에게 허여된 존재의 길은 참혹할 뿐만 아니라 치명적이다. "사랑"이라는 미지의 기호가 부재하다면 말이다. 시 「ㅅ을 말하다」는 존재의 앞뒷면에 짙게 드리워진 슬픔을 "사랑"의 전언으로 승화시키고 있는데, 그것은 존재의 길이 시간의 길 앞에 당당할 수 있는 유일한 방법이다.

비록 시간의 형식이 존재의 형식 전체를 "상처"로 수렴시키기는 하지만, 사랑이 이 세계를 지탱하는 최종심급이다. 사랑은 "온전히" "보듬"어 안음이다. 마치 자음 ㅅ에서 "사람 냄새"라는 인간학적인 존재의 향기가 뿜어져 나오듯이, 시인 양승준은 슬픔이 그득한 삶-시간-세계를 "영혼의 물빛"(「삼 년 내내—〈미스타페오〉를 떠나며」)으로 투명하게 채색하고 있다. 때론 버림받고 지친 사랑의 타자에게 "자신의 어깨"를 내어주면서 때론 이 세상 모든 슬픔을 서로 나누기도 하면서, 시인은 인간학 전체를 실천적 국면으로 치환시키고 있다.

다시 말해서 시 「ㅅ을 말하다」는 인륜성이 실현되는 그 초석을 사람과 사람 사이에서 찾는데, 그것은 바로 실천적 사랑이다.

중앙아메리카나 남미의 브라질 등에 서식하는 흡혈박쥐

는, 단 이틀만 피를 빨지 못해도 죽는다고 합니다 그런데 흡혈박쥐가 이렇게 굶주렸다 해도, 죽는 경우는 거의 없다고 합니다 피를 배불리 채운 박쥐들이, 제가 먹은 피를 토해, 죽을 위기에 처한 동료 박쥐에게 정성껏 먹이기 때문이라고 합니다

그러나 나는 단 하루만 당신을 꿈꾸지 않아도, 그리움에 목말라 죽습니다 이런 나를 위해 당신은, 오늘도 저녁노을 한 접시와 느티나무 그늘 몇 조각과 망초꽃 한 다발을 마련해놓았다고 했지만, 정작 내가 원하는 건 바로 당신입니다 당신을 존재하게 하는, 그 무량한 슬픔입니다 당신의 그 시퍼런 슬픔으로 하여 나는, 비로소 살아 움직입니다

나는 당신에게, 당신은 나에게, 덩굴손 같은 그리움을 뻗어 서로의 간절한 허기를 채워줄 수 있다면, 그런 슬픔 하나만으로도 우리는 진정 아름다울 수 있으리니, 아 내 사랑하는 사람이여

—「154,000볼트의 사랑」 전문

존재의 앞뒷면에 시간이 가로막고 있다면, 그것을 탈주하는 도주선은 "사랑"에 의해서 비로소 가능하다. 만약에 시간의 단면도를 微分比로 잘게 잘게 쪼갤 수만 있다면, 시간의 지층들은 사랑에 의한 사랑의 작용들로 메워져 있다는 사실을 발견하게 된다. 물론 시간의 도주선 위에 설

정된 그 사랑의 정체라는 것도 따지고 보면 "외로움"을 승화시킨 에로티즘적 사랑의 형식을 취하고 있지만, 기실 인간학 내부를 관통하는 그 사랑의 정체는 "슬픔"의 단층지대를 통과한 당신과 나 사이의 존재의 형식이다. 이를테면 존재가 취할 수 있는 가장 숭고하고 아름다운 형식이 바로 사랑인데, 양승준 시인은 그것을 "154,000볼트의 사랑"이라고 명명하고 있다.

에리히 프롬이 평생 자신의 과업으로 삼았던 존재의 양식으로서의 사랑처럼, 시인의 그것도 인간학 전체를 사랑의 심급 밑에 가라앉히는 것이라 하겠다. 물론 시인이 언표한 사랑의 정조가 "무량한 슬픔" 위에서 현동하고 있지만, 따라서 시 「154,000볼트의 사랑」이 인간학적 토포스 위에서 존재의 지형도를 그리는 것처럼 보이지만, 기실 시인이 지향하는 사랑은 이 세계를 떠받치는 가장 숭고한 사랑, 즉 나눔의 실천이다. 생을 생으로 기술하면서 시간이 현동하는 실재계의 냉혹한 현실성을 승화시키는 것이 바로 사랑이다.

그러므로 양승준 시인의 그것은 21세기의 자본적 욕망을 나눔이 실현되는 사랑을 통해서 인간학적 아포리아를 시양 극복해가고 있음에 틀림없다. 사랑이 존재의 양식이자 인륜성을 지탱하는 궁극적 형식으로 존재하는 한, 이 세계는 아직 희망의 원리가 잔존하는 공간이다. 비록 시인의 그것이 슬픔이나 외로움이라는 인간학적 심연을 외줄타기로 종주하는 것처럼 보이지만, 따라서 영혼의 형식 전체를 "시퍼런 슬픔"이 잠식하는 것처럼 느껴지기도 하지만, 시인의 시말운동 전체는 생은 보되 죽음은 차마 못 보는 불인지심(不忍之心)의 지대에서 현동하는 것이라 하겠다. 시인의 사랑은 "흡혈박쥐"가 동료에게 나눔을 실천하는 인륜적 사랑이다. 따스하고 가슴이 시리다.

> 후두둑, 후두둑
> 빗방울 듣는 소리
> 내 귀를 간질이네
> 달팽이들이 일제히
> 촉각을 세우네
> 청명 곡우 지나
> 입하를 며칠 앞둔 오늘
> 빗소리에 제법 살이 올랐네
> 한여름 장맛비처럼
> 뚝뚝, 관절을 꺾네
> 후두둑, 후두득
> 손바닥만 한 목련 이파리들
> 그때마다 몸을 뒤치네
> 내 안에서도 연달아

비구름을 만드네

이 비 그치면 여름이

느낌표처럼 일어서겠네

올올(兀兀)하겠네

—「봄비」 전문

존재의 양식이 시간의 형식을 통과해갈 때, 우리는 어떤 인간학적 태도를 취하는가. 사실 이 태도의 문제가 삶을 결정하고 시간의 문양 전체를 좌우하게 된다는 사실을 시간의 도정 속에서 깨닫게 된다. 인간에게 시간은 아이러니이다. 아니 시간은 아이러니라기보다 패러독스에 가까운데, 그것은 시간 내부의 도주선이 상대화되어 있기 때문이다. 분명 시간이 절대성을 표상하는 것임에도 불구하고, 모든 시간은 그 인간학적 태도에 의해 시간의 존재론적 양태가 결정된다. 그것은 존재가 향유하는 시간이자, 시간을 의식의 힘으로 파열시키는 적극적인 태도이다. 만약 시간 내부를 종주하는 인간학적 문양이 이와 같지 않다면, 우리는 시간의 노예로 전락하거나 시간 앞에 무기력한 비루한 타자에 지나지 않게 된다. 그런데 시 「봄비」는 시간의 바깥에 서서 존재의 길을 따스한 시선으로 포월하고 있는데, 그것이 바로 자연에 관한 의미적 읽기이다.

물론 그 자연이라는 것도 따지고 보면, 시간이 변주된

절기(節氣)들의 문양들로 이루어져 있지만, 이때 그 자연은 시간의식이 소거된 자연이다. 비록 시인의 그것이 "청명 곡우 지나/입하"라는 시간의 경과 속에서 체득된 자연의 진법이지만, 이때 시간은 의식된 시간이 아니라, 의식이 지워진 시간이다. 시간은 의식이고 지속이라고 앙리 베르그송이 말했지만, 어찌 시간을 의식하는 삶을 살아가겠는가. 인간에게 시간은 귀찮게 들러붙는 등에이다. 시간을 의식해도 공포가 밀어닥치고 그것을 의식하지 않아도 결과가 마찬가지라면, 우리는 어떠한 태도를 지녀야 하는가. 시간은 본성상 아브젝트이고 공포의 권력의 진정한 주체이다. 만약에 시간을 제임스 조이스처럼 무한대로 늘려 상대화할 수 있다면, 혹은 양승준 시인의 그것처럼 자연이 펼쳐내는 이법에 안긴 아도르노적 미메시스에 당도할 수 있다면, 그것은 바로 존재의 앞뒷면에 자리한 시간을 소거시키는 행위라 하겠다. "후두둑" 쏟아지는 봄비 내리는 서경에 완전히 몰입하여 "여름"의 "느낌표"를 "올올(兀兀)"하게 감지하는 그 순간에, 시간은 완전히 사라지게 된다. 시간 내부에 기입된 외로움도 사라지고 슬픔도 사라진다.

소소리바람이 종종걸음으로 이따금 흙먼지를 날릴 무렵

능소화가 진홍색 꽃망울을 터뜨려 내 손목을 잡아끌 무렵

밀잠자리들이 습지를 찾아가 구애의 첫 비행을 할 무렵

후텁지근한 대기가 허공에서 꼭짓점을 찍을 무렵

어머니께서 욱신거리지 않는 뼈마디가 없다고 말씀하실 무렵

아내가 정신을 놓고 강물 저편을 오래도록 응시할 무렵

—「우기(雨期)」 전문

금번 상재한 『위스키를 마시고 저녁산책을 나가다』 전체는 길 위에 새겨진 존재의 문양을 시간의 형식으로 풀어낸 시집이라 하겠다. 인간은 시간의 산책자이다. 시간으로 시작해서 시간의 의식으로 종결하는 지점에 시말이 있고 시가 있다. 이를테면 양승준의 시말운동은 시간과 존재 사이를 관통해가는 말 존재론적 사태를 육화시킨 것에 다름 아닌데, 그것은 바로 시간의 지층들이 기입된 존재의 문양 그 자체이다. 특히 시 「우기(雨期)」는 시간이 펼쳐내는 다양한 사태들을 객관적인 시선으로 응시하고 있는데, 그것은 시간이 전유되는 방식이다. 다시 말해서 약

간의 여백을 둔 여섯 개의 "무렵"은 시간이 존재하는 방식, 즉 시간이 존재로 응결되는 극적인 순간이자, 그 모든 유의미한 사태들이 자연으로 되돌려지는 순간이다. 왜냐하면 "우기" 그 자체는 여섯 개의 시선이 응결된 시간의 단층면이자, 시간이 의식에 의해 전유된 절단면인 동시에 시간이 스스로를 이룩하는 시간의 자유로운 유로(流路)이기 때문이다. 시간은 길이고, 길은 시간이다. 마치 모든 존재의 유로가 길 위를 유랑하도록 예정되어 있는 것처럼, 우리는 자신에게 주어진 각각의 시간을 존재론적으로 응결시켜 자신만의 존재의 길을 찾아가게 된다. 비록 그 길이 시간과 존재와 자연이라는 세 갈래로 난 길인 까닭에 우왕좌왕하게 만드는 경우가 비일비재하지만, 인간에게 허여된 길은 본성상 이 세 갈래로 중층 결정되어 있다. 말하자면 인간학이란 이 세 길이 갈라지고 만나는 지점에서 생성 폭발하는 동시에 소멸하기도 한다. 세 길이 만나면 화육하고, 세 길이 분열하면서 죽음이 몰아닥친다. 그냥 "위스키를 마시고 저녁산책을 나가다" 우연히 새로운 길에 접어든다. 마치 앨리스가 토끼굴을 만나 생에의 신기원을 이룩하듯이, 우리는 시간의 절단면 위에서 새로운 인간학적인 길을 만나게 된다.

문학의전당 시인선 156

위스키를 마시고 저녁산책을 나가다

초판 1쇄 인쇄 2013년 6월 7일
초판 1쇄 발행 2013년 6월 14일
지은이 양승준
펴낸이 김석봉
책임편집 이현호
디자인 조동욱
펴낸곳 문학의전당
출판등록 제311-2012-000043호
주소 서울시 은평구 연서로11길 7-5 401호
편집실 서울시 마포구 공덕2동 404 풍림VIP빌딩 413호
전화 02-852-1977
팩스 02-852-1978
블로그 http://blog.naver.com/mhjd2003
전자우편 sbpoem@naver.com

ISBN 978-89-98096-31-1 03810

*이 시집은 강원문화재단의 2013년도 '강원문화예술지원사업'으로 출판되었습니다.